DON BOSCO

Rosemarie Portmann

Die 50 besten Bewegungsspiele

DON BOSCO

MiniSpielothek

Gerne nehmen wir Ihre Anregungen,
Wünsche, Kritik oder Fragen entgegen:
Don Bosco Medien GmbH, Sieboldstraße 11, 81669 München
anregungen@donbosco-medien.de
Servicetelefon: 089 / 48008-341

Bibliografische Information der Deutschen Nationalbibliothek

Die Deutsche Nationalbibliothek verzeichnet diese Publikation in der Deutschen Nationalbibliografie; detaillierte bibliografische Daten sind im Internet über http://dnb.d-nb.de abrufbar.

7. Auflage 2017 / ISBN 978-3-7698-1783-6

www.donbosco-medien.de
Umschlag: Felix Weinold
Layout: Alexandra Paulus
Produktion und Illustration: Don Bosco Druck & Design, Ensdorf

Gedruckt auf umweltfreundlichem Papier

Inhalt

09 **Bewegungsspiele im Kreis**
10 Mein rechter, rechter Platz ist leer
11 Löffel sammeln
12 Ein Wolf kommt
13 Der Plumpsack geht um
14 Obstsalat
15 Ente, Ente, Gans
16 Hundehütten
17 Ich schicke ein Paket an
18 Ozeanwellen
19 Dirigentenspiel

20 **Bewegungsspiele quer durch den Raum**
21 Farbe bekennen
22 Die Königin fährt zur Kur
23 Schatzsuche
24 Luftballonspiele
25 Ebbe und Flut
26 Die Reise nach Jerusalem
27 Paarlauf
28 Wenn einer eine Reise tut
29 Das Schiff geht unter
30 Tierpark

31 **Mini-Bewegungsspiele am Platz**
32 Klipp-Klapp
33 Fuß-Balance
34 Bäume im Wind
35 Radfahren
36 Spiegelbild
37 Stuhl-Tanz
38 Roboterspiel
39 Löwenjagd
41 Bi-Ba-Butzemann & Co.
43 Raketenstart

44 **Bewegungsspiele zum Kräftemessen**
45 Hahnenkampf
46 Luftballontreten
47 Hindernislauf
48 Kartoffellaufen
49 Vier Wände
50 Zwei geradeaus – eins verkehrt
51 Barfußstaffel
52 Taschentuchspiel
53 Inselhopping
54 Knüllball

55 **Bewegungsspiele an der frischen Luft**
56 Glucke und Habicht
57 Frösche fangen
58 Tücherfangen
59 Schlangenschwanz
60 Fang den König
61 Ochs am Berg
62 Schmugglerspiel
63 Schattenfangen
64 Der schlafende Bär
65 Kettenfangen

Zu unserer Natur
gehört die Bewegung.

Blaise Pascal

Bewegungsspiele im Kreis

Mein rechter, rechter Platz ist leer

Dieses Spiel kennt nahezu jedes Kind. Meist wird es als „Kennenlernspiel“ eingesetzt. Es eignet sich aber auch dazu, Kinder in Bewegung zu bringen.
Die Kinder sitzen im Kreis, ein Stuhl bleibt frei. Jedes Kind bekommt nun einen Tiernamen. Das Kind, das neben dem freien Stuhl sitzt, wünscht sich eines der „Tier-Kinder“ neben sich. Es reimt: „Mein rechter, rechter Platz ist leer. Ich wünsche mir den Tiger her.“
Der Tiger muss nun mit der Bewegungen eines Tigers auf den freien Platz schleichen und darf dabei auch Geräusche wie ein Tiger von sich geben.

Löffel sammeln

Die Kinder sitzen oder stehen im Kreis. In die Kreismitte werden Löffel gelegt, allerdings ein Löffel weniger als teilnehmende Kinder.

Alle Kinder halten die Hände auf dem Rücken. Die Spielleiterin oder, bei etwas älteren Kindern ein Kind, beginnt eine Geschichte zu erzählen, z.B. vom Mittagessen oder von einem Familienfest. Fällt dabei das Wort „Löffel“, müssen alle Kinder versuchen, einen Löffel zu ergattern. Wer keinen Löffel bekommt, erzählt die Geschichte weiter.

Ein Wolf kommt

Die Kinder stellen ihre Stühle im Kreis auf mit der Sitzfläche nach innen. Dann bewegen sie sich um den Stuhlkreis herum. Die Spielleiterin sagt entsprechende Bewegungen an, wie z. B. mit beiden Beinen hüpfen, rückwärts laufen, auf allen Vieren hoppeln, mit großen Schritten und erhobenen Armen schreiten wie Riesen, schleichen wie Katzen, trippeln wie Ballerinas, sich mechanisch bewegen wie Roboter ...
Ruft die Spielleiterin „ein Wolf kommt“, verschwinden alle Kinder so schnell wie möglich im Stuhlkreis, dem schützenden Haus, und setzen sich auf einen Stuhl.

Der Plumpsack geht um

Die Kinder sitzen oder stehen im Kreis. Ein Kind läuft außen herum und lässt hinter einem anderen Kind den Plumpsack – ein zusammen geknotetes Tuch – fallen. Das Kind, hinter dem der Plumpsack liegt, muss ihn aufheben und hinter dem ersten Kind herlaufen. Schafft es das Kind mit dem Plumpsack, das erste Kind einzuholen, muss dieses in die Kreismitte, ins „faule Ei". Holt es das Kind nicht ein, füllt das erste Kind die Lücke im Kreis und das zweite muss mit dem Plumpsack weitermachen.

Obstsalat

Alle Kinder sitzen im Kreis. Jedem Kind wird eine Obstsorte zugeordnet, wobei mehrere Kinder die gleiche Obstsorte erhalten.

Die Gruppenleiterin geht in die Kreismitte. Sie ruft immer zwei Obstsorten auf, die dann den Platz tauschen. Ruft sie „Obstsalat“, müssen alle Kinder und die Gruppenleiterin einen neuen Kreis bilden. Wer übrig bleibt, geht in die Kreismitte und ruft die nächsten Obstsorten aus.

Ente, Ente, Gans

Die Kinder sitzen im Kreis auf dem Boden. Ein Kind, die „Gans“, geht außen um den Kreis herum. Beim Gehen tippt es nacheinander jedem Kind auf den Rücken und sagt dabei „Ente, Ente, Ente ... “.
Bei irgendeinem Kind ruft es plötzlich „Gans“. Dieses Kind muss nun aufstehen und versuchen, die bisherige Gans einzuholen. Wenn das Kind die Gans nicht fängt, bevor sich diese auf den freien Platz im Kreis setzen kann, wird es selbst zur Gans. Ansonsten muss die alte Gans noch einmal herumlaufen.

Hinweis

Die Spielleiterin muss darauf achten, dass immer wieder bei anderen Kindern das Wort „Gans“ gesagt wird.

Hundehütten

Die Kinder bilden zwei Kreise, wobei im Außenkreis ein oder zwei Kinder mehr sind als im Innenkreis. Die Kinder im Innenkreis stellen sich Gesicht nach innen mit gegrätschten Beinen auf. Sie bilden damit die „Hundehütten".

Die Kinder im Außenkreis sind die „Hunde". Auf ein Zeichen der Spielleiterin hüpfen oder laufen sie bellend und knurrend um den Innenkreis herum.

Wenn die Spielleiterin „Platz" ruft, müssen alle Kinder aus dem Außenkreis versuchen, in eine „Hundehütte", also zwischen ein Beinpaar eines Kindes im Innenkreis, zu schlüpfen.

Die Kinder, die keine freie Hundehütte finden, werden in der nächsten Spielrunde gemeinsam mit den Kindern des Innenkreises zum Außenkreis und versuchen erneut, einen Platz in einer Hundehütte zu erhaschen.

Ich schicke ein Paket an

Die Kinder sitzen im Kreis. Ein Kind beginnt: „Ich schicke ein Paket an ...“ und nennt dabei den Namen eines Kindes. In diesem Paket ist eine Bewegung, z. B. ein Winken, ein Schulterkreisen, ein Bein-Hochheben, ein Aufstehen und Hinsetzen ...
Ehe das Paket beim Adressaten ankommt, kann es zwischendurch von einem Kind auch zurückgeschickt werden, d. h. die Richtung ändern und im Kreis andersherum geschickt werden. Dabei sollte die Regel gelten: Das Paket darf nicht immer nur zwischen denselben Kindern hin- und hergeschickt werden. Alle Kinder müssen in den Paketversand einbezogen werden.

Hinweis

Im letzten Paket sollte als Abschluss etwas Freundliches und Verbindendes, z. B. ein Streicheln durch den ganzen Kreis geschickt werden.

Ozeanwelle

Die Kinder sitzen im Kreis. Ein Stuhl bleibt frei. Ein Kind steht in der Kreismitte und sagt die Welle an. Ruft es „nach rechts“ rückt das Kind, neben dem der rechte Platz frei ist, nach rechts auf den freien Stuhl und alle rücken nach. Ruft das Kind in der Mitte „nach links“ rückt das Kind, neben dem der freie Stuhl auf der linken Seite ist, nach links und alle rücken nach. Das Spiel wird umso bewegter, je schneller die Wellen angesagt werden. Macht ein Kind einen Fehler beim Richtungswechsel oder ist nicht schnell genug, muss es mit dem Kind in der Mitte tauschen.

Hinweis

Das Kind in der Mitte kann auch von sich aus in den Sitzkreis wechseln, wenn es keine Lust mehr hat, die Wellen anzusagen. Vor Spielbeginn muss verabredet werden, dass jedes angesprochene Kind dann auch tauschen muss. Es kann nach kurzer Zeit wieder in den Sitzkreis zurückwechseln.

Dirigentenspiel

Ein Kind verlässt den Raum, die anderen sitzen oder stehen im Kreis und bestimmen unter sich, wer Dirigent ist. Dieses Kind beginnt pantomimisch ein Instrument zu spielen, alle anderen ahmen es nach, dann wechselt es auf ein anderes Instrument, alle wechseln mit usw. Das Kind, das nun wieder hereingerufen wird, muss herausfinden, wer dirigiert. Der Dirigent dirigiert und lässt die Instrumente solange wechseln, bis das ratende Kind den Dirigenten herausgefunden hat. Der geht dann als nächstes Kind hinaus und rät, wer sein Nachfolger beim Dirigieren geworden ist.

Bewegungsspiele quer durch den Raum

Farbe bekennen

Alle Kinder gehen oder hüpfen durch den Raum. Nennt die Spielleiterin eine Farbe, muss jedes Kind eine Hand auf ein Kleidungsstück eines anderen Kindes in dieser Farbe legen. Auf ein Zeichen der Spielleiterin beginnen die Kinder erneut zu hüpfen, bis die nächste Farbe genannt wird.

Variationen

- Statt Farben zu berühren, können auch andere Aktivitäten genannt werden, z. B. auf einem Bein stehen, auf den Boden setzen, einen Hampelmann-Sprung machen usw.
- Spaß macht es auch, wenn das Spiel mit Musik begleitet wird. Alle Kinder tanzen dazu frei durch den Raum. Stoppt die Musik, müssen sie „versteinern“. Setzt die Musik wieder ein, werden die Kinder erneut lebendig und tanzen weiter.

Die Königin fährt zur Kur

Die Kinder sitzen an ihren Plätzen oder laufen im Raum umher. Die Spielleiterin bewegt sich durch die Kinderschar und sagt: „Die Königin fährt zur Kur und braucht einen roten Pullover.“ Das Kind, das einen roten Pullover trägt, hängt sich an und geht mit der Königin. Daraufhin sagt die Königin, z. B.: „Die Königin geht auf Reisen und braucht eine runde Brille.“ Das Kind mit einer runden Brille hängt sich nun an.
So geht die Reise weiter, bis sich alle, die das passende Kleidungsstück oder den entsprechenden Gegenstand bei sich tragen, angehängt haben.

Hinweis

Die Königin muss bei den Kleidungsstücken und Gegenständen, die sie zur Reise braucht, darauf achten, dass jedes Kind mitgenommen wird.

Schatzsuche

Alle Kinder schließen die Augen. Die Spielleiterin versteckt den „Schatz“, einen vorher vereinbarten Gegenstand, z. B.: ein Spieltier, ein Buch, einen Kugelschreiber usw. Der Schatz sollte dabei möglichst „offen“ im Raum liegen, aber an einer Stelle, an der die Kinder ihn nicht vermuten würden oder an der er nicht auffällt.
Wenn die Kinder die Augen wieder geöffnet haben, laufen sie durch den Raum und beginnen zu suchen. Wer den Schatz entdeckt hat, setzt sich still auf seinen Platz, ohne den Fundort zu verraten. Das Spiel ist beendet, wenn alle Kinder den Schatz gefunden haben.

Hinweis

Dauert das Spiel zu lange, kann die Schatzsuche auch nach einer vorher vereinbarten Zeit beendet werden.

Luftballonspiele

Jedes Kind erhält einen Luftballon und versucht ihn so lange wie möglich in der Luft zu halten.

Nach einer Weile suchen die Kinder nach anderen Kindern mit gleichfarbigen Luftballons und spielen sich gegenseitig die Ballons zu, ohne dass diese den Boden berühren.

Zum Schluss versuchen alle Kinder gemeinsam alle Luftballons möglichst lange in der Luft zu halten. Dabei kann die Zeit gestoppt werden. Nach mehreren Durchgängen wird die Zeit verglichen. Die Kinder können so einen „Alle-Luftballons-in-der-Luft-Rekord" aufstellen.

Ebbe und Flut

Die Spielleiterin erzählt die Geschichte eines Urlaubstages an der See. Die Gruppe spielt sofort nach was sie erzählt. Wenn das Wort „Flut“ fällt, muss jedes Kind sofort auf einen Stuhl steigen, bei dem Wort „Ebbe“ muss sich jedes Kind flach auf den Boden legen.

Variation

Das Spiel kann auch mit anderen und mehr als zwei Signalwörtern gespielt werden. Die Spielleiterin erzählt zum Beispiel eine Geschichte, in der sie die Wörter „Feuer“, „Wasser“, „Blitz“ oder „Sturm“ verwendet. Dabei kann es sich um eine „Wettergeschichte“ handeln, bei der die vier Begriffe inhaltlich Sinn machen. Es kann aber auch eine Geschichte mit beliebigem Inhalt sein, bei der die vier Begriffe an beliebiger Stelle dazwischen gesprochen werden. Bei „Feuer“ legen sich alle Kinder auf den Boden und halten sich Mund und Nase zu, bei „Wasser“ müssen sie auf etwas hinaufklettern, bei „Blitz“ sich mit geschlossenen Beinen auf den Boden kauern und bei „Sturm“ müssen sie sich an etwas festhalten, damit sie nicht weggepustet werden.

Die Reise nach Jerusalem

Die Stühle der Kinder werden in einer Reihe aufgestellt, ein Stuhl weniger als Kinder und immer abwechselnd mit Sitz oder Lehne nach außen. Zur Musik laufen die Kinder um die Stuhlreihe herum. Wenn die Spielleiterin die Musik stoppt, versuchen alle Kinder einen Sitzplatz zu ergattern. Wer übrig bleibt, scheidet für diese Spielrunde aus und ein Stuhl wird weggenommen. Die Musik und das Spiel beginnen von Neuem. Wer den letzten Stuhl erobert, hat gewonnen.

Variation

Das Spiel kann so gespielt werden, dass kein Kind ausscheiden muss. Es wird zwar bei jeder Runde ein Stuhl weggenommen, aber die Kinder dürfen sich zu zweit oder zu mehreren auf einen Stuhl setzen. Im Idealfall sitzen zum Schluss alle Kinder auf einem Stuhl.

Paarlauf

Je zwei Kinder hängen sich mit einem Arm ein oder fassen sich an den Händen. Sie müssen nun als „siamesische Zwillinge“ nach Aufforderung der Spielleiterin unterschiedliche Aufgaben erfüllen. Solche Aufforderungen können zum Beispiel sein:

- geht langsam durch den Raum,
- geht schneller,
- kriecht auf allen Vieren,
- dreht euch im Kreis herum,
- setzt euch hin,
- steigt über eine Bank usw.

Die siamesischen Zwillinge dürfen sich dabei in keinem Fall loslassen. Tun sie das doch, müssen sie sich für eine Runde hinsetzen und ausruhen, um für die nächste Spielaufgabe wieder fit zu sein.

Wenn einer eine Reise tut

Die Spielleiterin erzählt eine Reise-Geschichte, in der möglichst viele Handlungen vorkommen. Sie begleitet ihre Erzählung mit charakteristischen Bewegungen, die die Kinder nachahmen.

Die Reise kann z. B. so beginnen: „Endlich geht die Reise los. Wir klappen den Kofferdeckel zu. – Wir umarmen unsere Mutter zum Abschied. – Wir heben den Koffer auf. – Wir öffnen die Haustür. – Wir winken. – Wir laufen mit dem schweren Koffer zum Bahnhof. – Wir laufen immer schneller, denn wir haben uns verspätet. – Wir steigen mit dem Koffer in den Zug. – Wir heben den Koffer ins Gepäcknetz. Usw."

Der Fantasie sind keine Grenzen gesetzt. Die Reise kann z. B. damit beendet werden, dass alle Reisenden erschöpft auf ihren Sitzplatz im Zug sinken, noch mal ausgiebig gähnen und einschlafen.

Das Schiff geht unter

Auf den Boden werden mit Kreide verschieden große Kreise gezeichnet oder Zeitungsbögen ausgelegt. Sie stellen Rettungsboote dar, die unterschiedlich viele Personen aufnehmen können.

Alle Kinder laufen im Raum umher. Auf den Ruf der Spielleiterin: „Das Schiff geht unter“ versuchen alle Platz in einem Rettungsboot zu finden. Dabei kann es nötig sein, dass Kinder aufeinander krabbeln müssen, um sich zu retten. Wer wirklich keinen Platz findet, scheidet für eine Runde aus und erholt sich vom „Untergehen“.

Hinweis

Am meisten Spaß macht das Spiel, wenn während des Umherlaufens Musik gespielt wird und die Musik stoppt, wenn „das Schiff untergeht“.

Tierpark

Jedes Kind bekommt eine Karte, auf der ein Tier abgebildet ist oder ein Tiername steht. Die Tiere werden dabei mehrfach vergeben. Die Kinder sollen sich nun wie ihre Tiere im Raum bewegen und dabei auch die entsprechenden Tiergeräusche machen. Tierarten, die sich nicht so gut vertragen, dürfen sich auch anknurren. Sie dürfen fauchen und „Scheinkämpfe“ austragen.

Die Tiere können von der Spielleiterin aber auch „dressiert“ werden. Sie können auf Kommando z.B. auch „Männchen“, „Sitz“ oder „Platz“ machen, über Bänke steigen oder durch Reifen springen. Sagt die Spielleiterin: „Alle Tiere in den Stall“ finden sich alle Tiere der gleichen Art an einer vorher vereinbarten Stelle im Raum, in ihrem „Stall“, zusammen.

Mini-Bewegungs-spiele am Platz

Klipp-Klapp

Die Kinder sitzen auf ihren Plätzen. Wenn die Spielleiterin „Klipp“ sagt, stehen alle auf, wenn sie „Klapp“ sagt, setzen sich die Kinder wieder.
Wer eine falsche Bewegung macht oder nicht aufpasst, läuft einmal um den Stuhl herum.

Variation

Wenn ein wenig mehr Zeit zur Verfügung steht, kann die Spielleiterin auch eine Geschichte erzählen, in der sie häufig die Wörter „groß“ und „klein“ verwendet. Bei „groß“ machen die Kinder sich lang, sie recken und strecken sich, bei „klein“ gehen sie in die Hocke und kriechen in sich zusammen.

Fuß-Balance

Jedes Kind legt sich einen kleinen Gegenstand, einen Radiergummi o.Ä., auf einen Fuß. Dann hebt es das Knie an, zuerst im Sitzen, dann im Stehen.
Wie oft kann es das Knie hochheben, ohne dass der Gegenstand vom Fuß hinunterfällt?
Nach einigen Versuchen wird das Bein gewechselt und der Balance-Akt mit dem anderen Fuß ausgeführt.
Zum Schluss versucht jedes Kind im Sitzen, den Gegenstand von einem Fuß zum anderen zu bringen, ohne die Finger oder Hände dazu zu benutzen.

Bäume im Wind

Die Kinder sitzen am Tisch. Alle stellen ihre Ellenbogen auf den Tisch. Das sind die Bäume. Die Finger sind die Blätter. Auf Ansage der Spielleiterin kommt ein Wind auf, Blätter und Bäume beginnen im Wind zu schwanken.
Zuerst bewegt der Wind die Blätter. Die Blätter tanzen im Wind, erst sanft, dann schneller und schneller. Dann bewegen sich die Bäume, zuerst leise, dann immer stärker, dann kommt der Sturm. Die Bäume biegen sich, bis sie auf dem Boden liegen.
Ganz plötzlich verzieht sich der Wind. Am Schluss stehen alle Bäume wieder auf. Auch die Blätter sind wieder zur Ruhe gekommen.

Radfahren

Auch Beine und Füße können im Sitzen bewegt werden. Dazu müssen die Kinder fest auf ihrem Stuhl oder auf dem Boden sitzen und genügend Platz haben ihre Beine auszustrecken.
Dann führen sie mit beiden Beinen Radfahrbewegungen aus. Die „Radtour“ kann mit einer Geschichte begleitet werden, z.B.: „Wir fahren jetzt zwischendurch schnell mal um den Block. Zuerst fahren wir langsam, dann schneller und schneller und wieder langsamer, denn unsere Radtour ist beendet.“

Variation

Die Kinder können auch „Kunstradfahren“. Dabei schreiben sie mit gestreckten Beinen Figuren in die Luft, z.B. einen Kreis, erst rechtsherum, dann linksherum, eine 8, ein Dreieck o.Ä. Wenn die Kinder schon Buchstaben können, können sie auch verschiedene Buchstaben mit den Beinen in die Luft schreiben.

Spiegelbild

Kinder lieben es Grimassen zu schneiden. Auch das sind Bewegungen, aus denen ein Spiel werden kann. Die Spielleiterin steht vor der Kindergruppe und macht nacheinander unterschiedliche Bewegungen vor. Die Kinder sollen versuchen, alle Bewegungen spiegelbildlich nachzumachen.

Da „Spiegeln“ für Kinder nicht so einfach ist, sollte die Spielleiterin mit einfachen Bewegungen beginnen, z. B. die Stirn in Falten legen, den Mund verziehen, mit den Armen kreisen, nacheinander die Beine heben, auf der Stelle laufen usw. Erst danach kann sie auch ihre Position im Raum verändern, z. B. einen Schritt nach rechts oder links machen.

Steh-Tanz

Alle Kinder stehen regungslos im Raum. Die Spielleiterin lässt eine stark rhythmisch betonte Musik ablaufen und gibt dazu nacheinander einzelne Körperteile zur Bewegung frei, z. B.: zuerst die Stirn, dann die Augen, den kleinen Finger der linken Hand, den Mund, den Daumen der rechten Hand, die linke Hüfte usw.

Alle Bewegungen müssen weitergemacht werden, auch wenn eine neue Bewegung hinzukommt.

Nach einiger Zeit werden die Bewegungen – in umgekehrter Reihenfolge – auf Anweisung der Spielleiterin nach und nach wieder „eingefroren“.

Roboterspiel

Alle Kinder stehen auf und verwandeln sich in Roboter. Auf Anweisung der Spielleiterin bewegen sie sich mit abgehackten Bewegungen an ihrem Platz, um ihren Stuhl oder Tisch herum und vielleicht auch einmal durch den ganzen Raum.
Für jede neue Bewegung wird ein Signal gegeben. Die Kinder verharren in der Bewegung bis ein neues Signal ertönt.
Die letzte Anweisung leitet die Kinder wieder zu ihrem Platz. Sobald sie sitzen, verwandeln sie sich vom Roboter zurück in lebendige Wesen.

Löwenjagd

Die Kinder sitzen auf ihren Plätzen und führen mit der Spielleiterin folgenden bewegten Dialog:

- Die Spielleiterin fragt: „Gehen wir jetzt auf Löwenjagd?"
- Alle: „Ja, wir gehen auf Löwenjagd." (Alle klatschen)
- Spielleiterin: „Halt!" (Alle hören auf zu klatschen) „Was ist das? Ist das ein Löwe?"
- Alle: „Ist das ein Löwe? Nein." (Alle machen eine verneinende Kopf- und Handbewegung.)
- Spielleiterin: „Da ist eine Wiese (oder: ein See, ein Berg usw.)."
- Alle wiederholen: Da ist eine Wiese (oder: ein See, ein Berg usw.)."
- Spielleiterin: „Da müssen wir durch (oder: drüber)." (Sie macht eine entsprechende Handbewegung.)
- Alle: „Da müssen wir durch (oder: drüber)." (Alle machen die entsprechende Handbewegung nach.)

Von Allen werden je nach Gebiet, das überquert werden muss, passende Gesten und Geräusche gemacht, z. B.:

- Die Gruppe muss durch eine Wiese: Alle reiben die Handflächen aneinander, so dass es klingt wie raschelndes Gras.

- Die Gruppe muss durch einen See: Alle ziehen pantomimisch Schuhe und Strümpfe aus, ebenso Hose und Pullover. Mit einer Hand werden die Kleidungsstücke festgehalten, mit der anderen Schwimmbewegungen gemacht.
- Die Gruppe muss über einen Berg: Alle stampfen steil bergauf, dann geht es schnell wieder auf der anderen Seite hinab. Usw.

Irgendwann ruft die Spielleiterin: „Halt, was ist das?" Alle werden ganz ruhig. Die Spielleiterin ruft: „Ein LÖÖÖÖWWEEE!"
Alle laufen vor dem Löwen weg. Dabei müssen sie unter Anleitung der Spielleiterin die gesamte Strecke zurücklegen. Alle Stationen werden mit gesteigertem Tempo wiederholt nur in umgekehrter Reihenfolge, bis Alle zum Anfang der Löwenjagd zurückgekehrt sind und ruhig auf ihrem Platz sitzen.

Bi-Ba-Butzemann & Co.

Die Kinder singen gemeinsam das Lied vom Bi-Ba-Butzemann und machen dabei die entsprechenden Bewegungen mit:

Es tanzt ein Bi-Ba-Butzemann in unserm Haus herum, widebum.
Es tanzt ein Bi-Ba-Butzemann in unserm Haus herum.
Er rüttelt sich, er schüttelt sich, er wirft sein Säckchen hinter sich.
Es tanzt ein Bi-Ba-Butzemann in unserm Haus herum.

Begleitend zum Text rütteln und schütteln sich die Kinder und werfen ein imaginäres Säckchen über ihre Schultern.

Ein altbekanntes Mitmachlied ist auch das „Handwerkerlied“:
Wer will fleißige Handwerker sehn, der muss zu uns Kindern gehen.

- Stein auf Stein, Stein auf Stein, das Häuschen wird bald fertig sein.
- O wie fein, O wie fein, der Glaser setzt die Scheiben ein.

- Zisch, zisch, zisch, der Tischler hobelt glatt den Tisch.
- Stich, stich, stich, der Schneider näht ein Kleid für mich.
- Rühre ein, rühre ein, der Kuchen wird bald fertig sein.
- Trapp, trapp drein, jetzt gehn wir von der Arbeit heim.

Hinweis

Die Spielleiterin und die Kindergruppe kennen sicher noch weitere alte und neue Kinderlieder, zu denen sie sich bewegen können.
Solche Lieder gibt es auch in Englisch oder in anderen Fremdsprachen.

Raketenstart

Die Kinder sitzen auf ihren Plätzen. Die Spielleiterin leitet an, wie die Rakete gestartet wird. Vom Start an machen alle Kinder dabei gleich mit: Zuerst legen sie ihre Zeigefinger aufeinander, dann kommen die Mittelfinger und nacheinander folgen alle Finger.
Dann klatschen sie in die Hände oder schlagen mit den Händen auf den Tisch.
Im weiteren Verlauf des Raketenstarts trampeln die Kinder zuerst leise, dann immer heftiger mit den Füßen. Während die Rakete abhebt, werden sie immer lauter. Zum Schluss klatschen, trampeln, schreien alle so laut sie können. Dann verschwindet die Rakete mit einem letzten Zischen im Himmel.
Die Spielleiterin macht ein Zeichen – und die Kinder verstummen plötzlich.

Bewegungsspiele zum Kräftemessen

Hahnenkampf

„Spaßkämpfe" sind bei Kindern sehr beliebt. Damit es beim Spaß bleibt, müssen sie lernen, gegeneinander zu kämpfen ohne sich zu verletzen.

Die Kinder bilden Paare. Einbeinig und mit verschränkten Armen muss nun jedes Kind versuchen, das andere Kind so aus dem Gleichgewicht zu bringen, dass es beide Beine auf den Boden stellen muss. Es können mehrere Versuche nacheinander gemacht werden. Für jeden fairen Treffer gibt es einen Punkt. Wer die meisten Punkte hat, hat gewonnen.

Nach jedem Spiel verbeugen sich die Kinder voreinander und geben sich die Hand.

Luftballontreten

Die Kinder bilden Paare. Einem Kind wird mit einer Schnur ein Luftballon an den Knöchel gebunden. Die Schnur sollte etwa 50 cm lang sein. Das Kind ohne Ballon bemüht sich, den Luftballon zu zertreten und zum Zerplatzen zu bringen. Die Kinder mit den Luftballons müssen versuchen, das durch ihre Bewegungen zu verhindern.

Das Spiel wird im Stehen gespielt. Es darf nur auf den Luftballon und nicht gegen die Beine getreten werden und kein Kind darf seine Hände benutzen.

Damit die Ballonträger nicht davonlaufen können, muss der Bewegungsraum für das Spiel begrenzt werden. Auch die Spielzeit sollte begrenzt sein.

Hindernislauf

Im Raum wird ein Hindernisparcours aufgebaut. Dazu werden Gegenstände verwendet, die gerade vorhanden sind und an denen sich niemand verletzen kann, z. B.: Fußbänke, Plastikflaschen, Papierkörbe, Pappkartons usw.

Für den Hindernislauf bilden die Kinder Paare. Jedes Paar durchläuft den Parcours zunächst einmal in einem Probelauf ohne Wettbewerbssituation.

Dann wird einem der Kinder die Augen verbunden. Das sehende Kind führt seinen blinden Spielpartner so schnell und so vorsichtig wie möglich durch den Parcours. Dabei darf kein Hindernis berührt werden oder umfallen. Die Laufzeit wird gestoppt. Für einen zweiten Durchgang tauschen die Kinder die Rollen. Beide Zeiten werden zusammengezählt. Das Paar mit der kürzesten Gesamtzeit hat gewonnen.

Kartoffellaufen

Die Kinder bilden Staffeln. Für jede Staffel wird ein Löffel und eine kleine Kartoffel gebraucht. Die Kartoffel muss auf dem Löffel über eine bestimmte Strecke hin und zurück transportiert werden. Der Löffel wird immer dem nächsten Kind weitergegeben. Das Team, bei dem zuerst alle Kinder die Strecke bewältigt haben, ohne die Kartoffel zu verlieren, hat gewonnen.

Variation

Diesmal werden fünfmal so viele Kartoffeln, doppelt so viele Stühle und so viele Löffel wie Kinder in der Gruppe sind, benötigt.
Die Stühle werden in möglichst großem Abstand in zwei gegenüberliegenden Reihen aufgestellt. Jedes Kind erhält einen Löffel. Auf die Sitze der einen Stuhlreihe werden fünf Kartoffeln gelegt, auf der anderen sitzen die Kinder. Auf „los" laufen die Kinder zum gegenüberstehenden Stuhl, nehmen eine Kartoffel auf ihren Löffel und bringen sie zu ihrem Sitzplatz. Die Hände dürfen dabei nicht mithelfen. Wer dennoch dabei ertappt wird, scheidet aus. Wer zuerst alle fünf Kartoffeln auf seinem Stuhl hat, hat gewonnen.

Vier Wände

Die Kinder bilden je nach Gruppengröße Dreier- oder Vierergruppen. Jede Gruppe bekommt einen Namen oder eine Nummer. Die Kinder jeder Gruppe fassen sich an.

Die Spielleiterin ruft zwei Gruppen mit ihrem Namen oder ihrer Nummer auf. Die aufgerufenen Gruppen müssen nun möglichst schnell alle vier Wände berühren ohne sich loszulassen. Die Gruppe, die das nach mehreren Spielrunden am schnellsten geschafft hat, hat gewonnen.

Zwei geradeaus – eins verkehrt

Die Kinder laufen jeweils in Dreiergruppen um die Wette. Die drei Kinder fassen sich an die Hände. Die beiden äußeren Kinder laufen vorwärts, das mittlere Kind läuft rückwärts, d. h. mit dem Rücken zur Laufrichtung. Die äußeren Kinder dürfen also nur so schnell laufen, dass das mittlere Kind auch sicher mitkommt.
Die Dreiergruppe, die zuerst am Ziel ankommt, hat gewonnen. Wenn die Gruppen nacheinander laufen, wird die Zeit gestoppt und das schnellste Team hat gewonnen.

Barfußstaffel

An einer Seite des Raumes werden Gegenstände zusammengetragen, die leicht mit den Füßen transportiert werden können, z. B. Tücher, Stifte, Papier usw.
Die Kinder bilden Teams und ziehen Schuhe und Strümpfe aus. Auf ein Startzeichen der Spielleiterin hin laufen sie barfuß zu den Gegenständen, nehmen einen davon mit einem Fuß auf und hüpfen auf einem Bein zu ihrem Team zurück.
Dann startet das nächste Kind. Das Team, das nach Beendigung des Staffellaufs die meisten Gegenstände gesammelt hat, hat gewonnen.

Taschentuchspiel

Die Gruppe wird in zwei Kleingruppen geteilt. Die eine Hälfte der Kinder steht auf der einen Seite, die andere Hälfte auf der anderen Seite einer markierten Linie. Alle werden durchnummeriert. Zwischen den Linien steht die Spielleiterin mit einem Tuch in der Hand.
Sie ruft nun jeweils eine Nummer auf. Die Kinder mit der entsprechenden Nummer aus beiden Gruppen laufen zu ihr und fassen das Tuch an. Wer das Tuch zuerst berührt hat, darf in seine eigene Gruppe zurückkehren und das andere Kind als „Beute“ mitnehmen. Die Gruppe, die am Ende des Spiels die meisten Kinder auf ihrer Seite hat, hat gewonnen.

Inselhopping

Für dieses Spiel werden „Pappinseln“, z. B. aus den Rückseiten von DIN A4-Zeichenblöcken, gebraucht und zwar zwei mehr als teilnehmende Kinder. Die Kinder bilden zwei gleich große Teams, die sich in zwei Reihen auf ihren Pappinseln einander gegenüber aufstellen. Eine „Insel“ am jeweiligem Ende der Reihe bleibt frei.

Das letzte Kind der Reihe nimmt diese leere Insel hoch und gibt sie an das nebenstehende Kind weiter, dieses wiederum an sein nebenstehendes – bis die „Insel“ beim ersten Kind in der Reihe angekommen ist. Das legt die Insel neben sich auf den Boden und steigt darauf. Alle anderen Kinder der Reihe rücken nach, so dass am Ende wieder eine freie Insel liegt. Die wird dann wieder nach vorne gereicht usw. Das Team, das als erstes ans Ziel, also auf die andere Seite des Raumes gelangt, hat gewonnen.

Knüllball

Zuerst knüllen alle Kinder aus alten Zeitungsseiten Bälle zusammen, pro Kind drei Stück. Dann wird quer durch den Raum eine Schnur gespannt, etwa in Tischhöhe und mit Zeitungsdoppelseiten behängt. Diese Wand trennt die beiden Gruppenfelder. Die Kinder werden in zwei gleich große Gruppen aufgeteilt. Jedes Kind nimmt seine Knüllbälle mit.
Auf ein Zeichen der Spielleiterin wirft jedes Kind so viele Bälle wie möglich in das gegenüberliegende Feld. Es wirft auch diejenigen zurück, die von dort herüberfliegen. Nach wenigen Minuten wird das Spiel beendet. Die Gruppe, in deren Feld dann am wenigsten Bälle liegen, hat gewonnen.

Bewegungsspiele an der frischen Luft

Glucke und Habicht

Ein Kind wird zum Habicht. Die anderen Kinder sind die Hühnerfamilie. Sie stellen sich hintereinander in einer Reihe auf. Jedes Kind fasst dann die Schultern oder die Hüften des vor ihm stehenden Kindes an.
Das Kind am Anfang der Reihe ist die Glucke, die ihre Küken hinter sich mit ausgebreiteten Armen und geschickten Ausweichbewegungen vor dem Habicht zu schützen versucht. Der Habicht muss versuchen, das letzte Küken am Ende der Reihe zu fangen, indem er es berührt.

Frösche fangen

Ein Kind wird zum Storch, die anderen sind die Frösche. Der Storch hüpft auf einem Bein durch den Teich, in dem die Frösche leben und versucht sie zu fangen. Die Frösche hüpfen auf beiden Beinen und laut quakend im Teich herum.
Vom Storch gefangene Frösche scheiden für diese Runde aus oder werden auch zu Störchen und helfen, die Frösche zu fangen.

Tücherfangen

Jedes Kind bekommt ein kleines Tuch oder ein Band unter den Gürtel oder in den Rock- oder Hosenbund gesteckt, so dass es für alle sichtbar ist und sich leicht herausziehen lässt.
Jedes Kind versucht nun, das eigene Tuch oder Band durch geschicktes Bewegen vor den anderen zu verteidigen und gleichzeitig möglichst viele Tücher oder Bänder der anderen einzusammeln.

Schlangenschwanz

Die Kinder stellen sich in einer Reihe hintereinander zu einer Schlange auf.
Dazu fasst jedes Kind die Schultern oder die Hüften des vor ihm stehenden an. Das letzte Kind in der Reihe bekommt als Schlangenschwanz ein Tuch in Gürtel oder Rock- oder Hosenbund gesteckt. Der Kopf der Schlange, das heißt das erste Kind in der Reihe, muss nun versuchen, den Schwanz zu fangen und das Tuch zu erhaschen. Der Rest der Schlange versucht, dem Schlangenkopf oder dem Schlangenschwanz durch möglichst geschickte Bewegungen zu helfen.

Fang den König

Ein Kind bekommt eine Pappkrone aufgesetzt und wird dadurch zum König oder zur Königin.
Alle anderen Kinder werden zu Rebellen, die den König absetzen wollen, indem sie ihn einfangen. Allerdings darf der König bestimmen, wie die Rebellen sich beim Einfangen bewegen dürfen, z. B. nur auf einem Bein hüpfen, mit beiden Beinen springen, auf allen Vieren krabbeln usw. Wer den König fängt, wird neuer König und erhält die Krone – bis zur nächsten Spielrunde.
Damit die Rebellen eine Chance haben, den König auch tatsächlich zu fangen, sollte der Raum, in dem sie sich bewegen dürfen, begrenzt werden.

Ochs am Berg

Ein Kind, der „Ochs am Berg“, steht mit dem Rücken zum Spielfeld an einer Wand oder an einem Baum.
Die anderen Kinder stehen an einer Linie am anderen Ende des Spielfeldes. Von dort aus müssen sie versuchen, sich dem „Ochs am Berg“ zu nähern, ohne dabei von ihm erwischt zu werden. Der ruft plötzlich „Ochs am Berg“ und dreht sich um. Jedes Kind, das sich noch bewegt, wird von ihm wieder an die Ausgangslinie zurückgeschickt und muss von Neuem beginnen.
Wer den „Ochs am Berg“ zuerst erreicht und an der Wand oder am Baum anschlägt, darf ihn ablösen.

Schmugglerspiel

Ein oder zwei Kinder sind Grenzpolizisten, alle anderen sind Schmuggler. Die Polizisten und Schmuggler bewegen sich in einem begrenzten Raum.
Einer der Schmuggler hat ein Tuch, die Schmuggelware, in der Hand versteckt. Während des Spiels reichen die Schmuggler das Tuch möglichst unbemerkt an Ihre Gruppenmitglieder weiter. Die Polizisten müssen versuchen, die Schmuggelware abzufangen. Glauben sie zu wissen wer das Tuch hat, halten sie den betreffenden Schmuggler auf. Dieser muss seine Hände vorzeigen. Hat er das Tuch, wird er „abgeführt" und eine neue Spielrunde beginnt, bei der andere Kinder zu Polizisten werden.
Hat er es nicht, muss der Polizist vor ihm auf die Knie gehen und sich entschuldigen und die Suche nach der Schmuggelware geht weiter.

Schattenfangen

Bei diesem Fangspiel muss der Fänger nicht das Kind, sondern seinen Schatten fangen. Gelingt es dem Fänger auf den Schatten zu treten, gilt das Kind als abgeschlagen und es muss jetzt wiederum andere Schatten fangen.

Hinweis

Das Spiel lässt sich draußen bei sonnigem Wetter am Besten spielen. Es kann aber bei Regenwetter auch drinnen bei angeschaltetem Licht gespielt werden.

Der schlafende Bär

Ein Kind kniet zwischen den Kindern in der Bärenhöhle und hält sich die Augen zu. Es ist der „schlafende Bär“. Die anderen Kinder halten sich an den Händen und laufen um den Bären herum. Wenn der Bär nach einiger Zeit plötzlich aufwacht, rennen alle Kinder auseinander, um nicht vom Bären gefangen zu werden. Das erste Kind, das der Bär fängt, wird auch zum Bären. Nun schlafen erst mal beide. Die anderen Kinder fassen sich wieder an die Hände und tanzen um die Bärenhöhle herum. Das Spiel beginnt von Neuem ...

Kettenfangen

Ein Kind beginnt als Fänger. Fängt er ein Kind, fasst er es an. Die Kinder laufen nun gemeinsam, um weitere Kinder zu fangen. Alle eingefangenen Kinder fassen sich an und bilden nach und nach eine immer länger werdende Kette. Jeweils nur die Außenkinder der Kette können weitere Kinder fangen.
Es wird so lange weitergespielt, bis alle zur Kette gehören. Reißt die Kette, kann sie nicht mehr fangen und das Spiel muss neu begonnen werden.

ISBN 978-3-7698-2226-7

ISBN 978-3-7698-2161-1

ISBN 978-3-7698-2160-4

ISBN 978-3-7698-2159-8

ISBN 978-3-7698-2130-1

ISBN 978-3-7698-2128-4

ISBN 978-3-7698-2129-1

ISBN 978-3-7698-2127-7

ISBN 978-3-7698-2077-5

ISBN 978-3-7698-2076-8

ISBN 978-3-7698-2065-2

ISBN 978-3-7698-2002-7

ISBN 978-3-7698-2075-1

ISBN 978-3-7698-2064-5

ISBN 978-3-7698-2066-9

ISBN 978-3-7698-2000-3

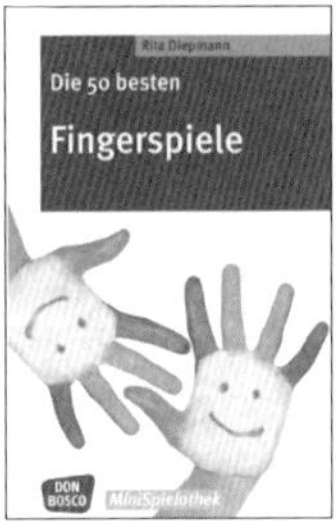

ISBN 978-3-7698-1999-1

ISBN 978-3-7698-2001-0